NOTICE HISTORIQUE

SUR LA VIE ET LA MORT

DU

GÉNÉRAL DAMESME

PAR M. GAILHAC,

Secrétaire-Trésorier de la Commission chargée d'ériger un monument au général
dans Fontainebleau, sa ville natale.

⚜

VANNES

IMPRIMERIE DE L. GALLES, RUE DE LA PRÉFECTURE.

NOTICE HISTORIQUE

SUR LA VIE ET LA MORT

DU

GÉNÉRAL DAMESME.

Après la formidable insurrection de juin 1848, la France, mesurant l'étendue du danger qu'elle venait de courir, n'a pas crû pouvoir entourer d'hommages assez éclatans la mémoire des jeunes généraux, illustres victimes de ces fatales journées, qui ont noblement sacrifié leur vie, en détournant sur leurs têtes l'orage destructeur qui menaçait de couvrir de ruines la société toute entière. Récompenses nationales, décret proclamant qu'ils ont bien mérité de la patrie, adoption solennelle, par l'État, des veuves et des orphelins, enfin statues en bronze érigées pour perpétuer le souvenir de ces vaillants officiers, la France a tout prodigué pour glorifier leur mémoire ; mesurant la récompense non sur l'éminence ou l'ancienneté de grade, ni sur l'importance des commandements exercés, mais sur la grandeur du triomphe qu'ils ont payé de leur noble vie.

En effet, une victoire remportée sur l'ennemi ajoute seulement une page de plus aux annales, déjà si étendues, de nos succès et de nos gloires. Ici, au contraire, il s'agissait du salut de la France ; car le triomphe de l'insurrection, en brisant tous les liens sociaux, inaugurait le règne de la plus épouvantable anarchie qui fût jamais, et amenait fatalement la dissolution de notre malheureuse patrie.

Et puis, il faut le dire, mourir sur le champ de bataille, avoir pour linceul un drapeau pris sur l'ennemi, fut toujours un sort envié par le soldat français. Une antique réputation de vaillance à soutenir, un glorieux héritage à conserver et à étendre, le concours unanime de louanges et de regrets qui accueille les noms des braves tués au champ d'honneur, tout cela est un stimulant puissant qui lui rend bien légères les fatigues de la guerre, et entoure la mort d'un charme véritable qui n'est pas sans attrait pour lui.

Dans les guerres civiles, au contraire, un sentiment profond du devoir peut seul inspirer au soldat le courage nécessaire pour affronter la mort, en défendant les lois et la société; il sauvera la patrie, mais en la mutilant; au lieu de lauriers, il n'a que des cyprès à cueillir; aussi la gloire lui apparaît voilée par le deuil; et, au milieu des bénédictions de tous les gens de biens, il entend déjà des cris discordans qui hurlent des imprécations et maudissent sa mémoire.

Il est donc de toute justice de glorifier les nobles victimes de ces funestes discordes, et de leur rendre en hommages publics ce qu'ils ont prodigué d'abnégation et de dévouement au service de leur pays.

Nous allons retracer sommairement la vie d'un de ces héros, de celui qui concourut si puissamment à sauver la société par l'entrain décisif qu'il sut communiquer à la garde mobile qu'il commandait, en la conduisant aux barricades.

Damesme (Édouard-Adolphe Déodat-Marie) naquit le 23 janvier 1807, au palais de Fontainebleau, où son père résidait, comme attaché à l'école impériale militaire, en qualité de commissaire des guerres. Son oncle paternel était professeur d'administration militaire à la même école. Le jeune Damesme n'avait pas trois mois quand il perdit sa mère, qui mourut le 14 avril 1807, âgée de trente-deux ans, et cette circonstance dut exercer sur sa destinée une influence décisive. En effet, doué d'un caractère dont l'énergie précoce ne pouvait plus être tempérée par les caresses maternelles, son goût, bientôt prononcé pour la carrière des armes, ne put que se fortifier, et par les exemples qu'il trouvait dans sa famille, et par la fréquentation des élèves de l'école, au sein de laquelle il passa les

premières années de sa vie, à Fontainebleau d'abord et puis à
Saint-Cyr.

De l'école de la Flèche où il fit ses études, il passa comme
élève à Saint-Cyr, et en sortit sous-lieutenant en 1827. Dans
son ardeur militaire, et enfin de se façonner plus vite au
métier de la guerre, il demanda à servir dans le régiment de
Hohenlohe, sorte de légion étrangère où le commandement
était plus difficile, parce que les allemands, qui la composaient
en grande partie, comprenant à peine la langue française,
l'officier instructeur devait réunir à une reconnaissance approfondie des théories une patience éprouvée, pour les rendre accessibles à l'intelligence des soldats.

Nommé lieutenant du 58e de ligne, après 1830, il assista en
1832 au siége de la citadelle d'Anvers. Après cette campagne il
passa en Afrique et y fut nommé, en 1836, capitaine au 2e bataillon d'infanterie légère. Il se distingua dans les combats
acharnés et pour ainsi dire corps-à-corps, qu'eut à soutenir la
faible garnison de Cherchell, contre des nuées d'arabes, les 27,
28, 29, 30 avril et 1er mai 1840, combats qui valurent au général Cavaignac, alors chef de bataillon et commandant supérieur
de Cherchell, le grade de lieutenant-colonel.

Ces attaques furibondes se renouvelèrent au mois d'août suivant. Le maréchal Vallée, gouverneur général de l'Algérie, en
rend compte en ces termes au ministre de la guerre, dans son
rapport en date du 23 août 1840 :

« Après le combat du 12, El-Berkani s'est présenté devant
Cherchell qu'il a attaqué le 15 au soir. Cette attaque s'est prolongée toute la journée du 16 ; elle a occasionné aux Arabes des
pertes considérables, principalement au poste des deux marabouts, qu'ils ont cherché à enlever à plusieurs reprises, et dont
ils essayèrent de réduire les défenseurs par la fumée, en les
entourant de matières inflammables.

» Le commandant Blangini cite comme s'étant distingué dans
cette affaire le capitaine Damesme. »

(Moniteur du 2 septembre 1840).

A la suite de ces affaires il fut nommé chef de bataillon du
31e de ligne, qu'il alla rejoindre dans la province de Constantine.

Le 7 juin 1842, au retour d'une expédition dirigée par le général Négrier, sur Tébessa, ville célèbre sous la domination romaine, l'arrière-garde de la colonne, commandée par Damesme, eut à soutenir, dans la vallée d'Aïn-Blouch, le choc de plusieurs milliers d'Arabes appartenant pour la plupart à la tribu guerrière des Hannenchas, qui la harcelèrent avec acharnement pendant une journée entière. Le rapport du général Négrier, en date du 9 juin, se termine ainsi :

« M. Damesme, chef de bataillon du 31e de ligne, qui a commandé l'arrière-garde pendant toute la journée, a su inspirer, par son exemple, le sang-froid que j'ai trouvé dans nos tirailleurs. »

(Moniteur du 28 juin 1842).

Il fut chargé peu de temps après de la défense de Cherchell, où il s'était signalé deux ans auparavant, et il occupait ce commandement, quand la part éclatante et toute spontanée qu'il vint prendre au combat de l'Oued-Rihou, le 10 décembre 1842, lui mérita la croix de la Légion-d'Honneur, et fixa sur lui l'attention du maréchal Bugeaud et des princes. Nous allons raconter ce fait d'armes remarquable, qui plaça Damesme parmi les meilleurs officiers de l'armée d'Afrique, en analysant succintement le rapport du général Bugeaud, gouverneur général de l'Algérie, en date du 30 décembre 1842.

Le maréchal Bugeaud, sentant l'importance de ne pas laisser Abd-el-Kader s'établir tranquillement pendant tout l'hiver dans les montagnes de l'Ouarenseris, qui s'étendent jusqu'à l'Oued-Rihou, résolut de porter sur ce point, malgré la mauvaise saison, une guerre sérieuse. Il forma en trois colonnes toutes ses forces agissantes ; le duc d'Aumale commandait la droite, sous les ordres du maréchal ; le commandement du centre fut confié au général Changarnier, et la colonne de gauche fut mise sous les ordres du colonel Korte.

Le 10 décembre, l'arrière-garde de cette dernière fut attaquée près de Cherchell, dans les montagnes boisées qui dominent la vallée de l'Oued-Rihou, par des ennemis dix fois supérieurs en nombre. Un combat très chaud s'y engagea ; nos troupes soutinrent vaillamment les attaques de leurs adversaires acharnés ; mais les munitions s'épuisaient et tous ces braves se trouvaient dans une position désespérée, lorsque le commandant Damesme, du 2e bataillon d'Afrique et commandant supérieur de Cherchell, vient de son propre mouvement, avec son bataillon qu'il avait amené au pas de course, remplacer les troupes de l'extrême arrière-garde. « Cet acte de dévoûement, ajoute le rapport, lui fait le plus grand honneur. »

« Mais, poursuit le rapport, l'ennemi grossissait toujours, et le combat devint de plus en plus acharné. Un mulet qui portait une pièce de montagne ayant été tué par une balle, les Kabyles crurent le moment favorable pour s'emparer de ce trophée, et ils se précipitèrent en foule sur ce point; mais les canonniers et les soldats du bataillon d'Afrique, excités par la présence de leurs chefs, firent en cette circonstance des prodiges de valeur. Bien qu'entourés par des forces très supérieures, ils défendirent la pièce à coups de baïonnettes. Le commandant Damesme fut blessé.

» Malheureusement les troupes qui précédaient l'arrière-garde ne purent, à cause du terrain, connaître la circonstance critique où se trouvaient nos braves, et la charge sonnée ne fut pas entendue de toutes parts. Cependant deux compagnies étant survenues, l'arrivée de ce renfort fit reprendre l'offensive à nos soldats; on se précipite sur l'ennemi, il est culbuté, la pièce est sauvée et nous restons maîtres du terrain couvert des cadavres de l'ennemi. »

Après avoir cité, pour la troisième fois, le commandant Damesme, en tête de ceux qui se sont particulièrement distingués dans cet énergique combat, le maréchal Bugeaud ajoute dans son rapport :

« Pour mon compte, je veux payer un tribut particulier d'éloges à M. le commandant Damesme, qui, sans en avoir reçu l'ordre, est allé relever l'arrière-garde, y a donné de grandes preuves de dévouement et de courage, et a reçu une grave blessure qui ne l'a pas empêché de rester au combat jusqu'au dernier instant. »

(Moniteur du 8 janvier 1843).

En effet, le commandant Damesme avait reçu, pendant l'action, un coup de feu dans les reins, presqu'à bout portant.

Malgré l'extrême gravité d'une telle blessure, il ne voulut pas même se faire panser et resta encore à cheval pendant douze heures que dura ce combat acharné, se portant toujours au plus fort du danger pour exciter ses soldats de la voix et du geste.

A la suite de sa blessure, Damesme fut pendant plusieurs jours entre la vie et la mort; il dut rester alité plusieurs mois et s'en ressentit durant plusieurs années.

« Obligé de revenir en France, pour y compléter sa guérison, il fut nommé, en 1844, lieutenant-colonel du 3e léger, alors en Afrique, puis attaché, avec le même grade, au 11e régiment de la même arme. Détaché à Saint-Omer, en 1846, il y fut chargé de l'organisation et du commandement de l'école de tir, et montra dans ces délicates fonctions la tenue, la bonté et l'énergie qui le caractérisaient particulièrement. Là, comme partout ailleurs, il sut se concilier l'estime et l'affection de ses chefs et de ses camarades.

» En 1847 il reçut le commandement du 11e léger, qui fut appelé à Paris après la révolution de février.

» Étranger à toute intrigue, il accomplit avec dévouement et loyauté, mais sans les solliciter, les missions périlleuses et délicates dont il fut chargé. Les généraux Cavaignac et Bedeau, qui connaissaient de longue date son intrépidité, son intelligence et son tact parfait, le chargèrent du commandement de la garde mobile. Trois fois il déclina cet honneur, en exprimant son désir ardent de conserver le commandement de l'excellent régiment qu'il avait adopté. Ce refus modeste ne fut connu des officiers du 11e que dans une visite de corps au général Cavaignac, qui lui serra la main en lui disant : « Vous m'avez fait » de la peine, mon cher Damesme, en refusant le commande- » ment que je voulais vous donner.

» Vaincu par ces instances, il accepta quelques jours après, et apporta dans ce commandement cette ardeur, cette énergie, cette activité infatigable qui lui étaient surtout nécessaires pour diriger ces enfants de Paris, étrangers encore à la discipline, aux habitudes militaires, et sur lesquels reposait, il ne faut pas l'oublier, le salut de la capitale et de la France entière. Il sut les entraîner, leur donner cet élan et cette confiance qu'inspirait toujours sa mâle et intelligente figure. »

(*Illustration* du 27 janvier 1849, page 351).

Damesme exerçait depuis peu de jours cet honorable et difficile commandement, lorsque l'insurrection de juin venant à éclater, il fut naturellement appelé, par sa position, à prendre une part considérable aux affreux combats, qui rendront ces journées tristement célèbres entre les plus mauvais jours de nos guerres civiles.

Je ne retracerai pas toutes les péripéties de cette lutte atroce, dont le souvenir est encore saignant dans nos cœurs. Ma tâche se borne à raconter les prodiges de valeur et les efforts surhumains que fit notre héros, pour balayer l'insurrection dans le faubourg Saint-Jacques, qui en était le berceau et le foyer le plus actif.

Pour bien apprécier tout ce que Damesme dut déployer, en ces moments critiques, d'intelligence, d'activité, d'énergie et de bravoure, il suffit de mesurer les périls et les difficultés de son entreprise et de les rapprocher des faibles ressources qu'on avait mises à sa disposition. Le 23 juin, au commencement du combat, toutes ses forces agissantes se bornaient à environ cinq cents gardes mobiles; et le lendemain, au plus fort de la lutte, il n'avait avec lui que sept à huit cents hommes et deux pièces de canon; encore cette troupe était-elle composée presque entièrement de gardes mobiles, jeunes soldats braves jusqu'à la témérité, sans aucun doute, mais manquant encore de ce courage calme et froid, de cette énergie patiente et contenue, qu'une longue habitude de la discipline militaire peut seule communiquer, et qui décuplent les forces individuelles, en les faisant concourir, comme des instruments dociles et vigoureux, à l'exécution d'une volonté unique, celle d'un chef habile et expérimenté.

Damesme s'étant aperçu que l'insurrection se propageait rapidement et menaçait de prendre des proportions formidables, envoya demander au pouvoir exécutif un bataillon de renfort. Avec ce surcroît de forces il affirmait être en mesure d'étouffer le soulèvement à sa naissance, de détruire les barricades commencées et de se rendre maître de tout le faubourg. Il était convaincu que les forces de l'insurrection sont toujours en raison du temps qu'on lui laisse pour s'organiser; que tout ce qu'elle gagne en moyens de défense, le pouvoir le perd; car les armes qu'elle se procure et les citoyens paisibles que la menace et l'intimidation entraînent dans ses rangs, sont autant de conquêtes réalisées par elle sur la société. Enfin son noble cœur lui disait que si la réputation d'un militaire peut trouver son compte à laisser grandir l'émeute, pour élever la répression à la hauteur d'une sanglante bataille, il y a plus de gloire véritable à prévenir l'effusion du sang, par une prompte et vigoureuse initiative.

On comprendra aisément, après ce qui précède, l'insistance que mit Damesme, pour avoir le faible renfort qu'il sollicitait ; mais, chose pénible à dire, malgré ses instances très pressantes et souvent réitérées, il ne put l'obtenir.

Ce fait, malheureusement acquis à l'histoire, est rapporté en ces termes par un membre de la commission du pouvoir exécutif.

« Placé au siége de la commission, quand le général Damesme m'a envoyé, jusqu'à dix fois, demander un seul bataillon, en disant : « Avec ce bataillon frais, moi qui n'ai que » de la garde mobile, je pourrai, avant que la nuit tombe sur » Paris, enlever les barricades et me rendre maître du fauboug » Saint-Jacques ; » et toute la journée il m'a fallu lui refuser ce bataillon........ ; ce ne sont pas là des phrases. Le fait est-il vrai ou non ? Ce fait que je signale, cent témoins peuvent l'attester.

« Eh bien ! la nuit, quand le brave général Damesme, blessé déjà, faisant réclamer de nouveau, par plusieurs officiers d'ordonnance, ce même bataillon, il disait : « Pourvu que je l'aie » demain matin, avant l'aube du jour ! j'aurai peine à tenir cette » nuit, car la barricade se poursuit avec activité ; elle pullule ; » mais pourvu que j'aie ce bataillon avant l'aube du jour, je » serai maître du quartier Saint-Jacques. » Et l'aube du jour s'est levée, et le bataillon n'a pas été envoyé. »

(*Moniteur* du 26 novembre 1848, séance de
l'Assemblée nationale).

C'est donc avec une poignée de jeunes soldats que le **général** Damesme, abandonné à lui-même, entreprit de réduire cet immense faubourg, tout hérissé de barricades défendues par des ennemis dix fois supérieurs en nombre et qui se battaient avec la rage du fanatisme le plus exalté.

Depuis le commencement de l'insurrection, dans la matinée du 23, jusqu'au 24, à deux heures après midi, où il fut mortellement blessé, le brave général ne prit pas le moindre repos. Il balaya successivement l'insurrection en s'emparant des barricades fortement établies, dans les rues Saint-Jacques, des Mathurins, Cléry, des Noyers, place Cambrai, etc., etc.; délogea les insurgés de l'École de Droit et enfin attaqua le Panthéon.

Cet édifice était le point stratégique le plus important qui fût au pouvoir des insurgés, dans Paris; véritable citadelle dont le général ne pouvait espérer de s'emparer, qu'en entraînant dans un élan sublime la poignée d'hommes qu'il commandait. C'est pour cela que Damesme resta pendant une heure, debout et immobile au milieu de la rue Soufflot, servant de point de mire aux quinze cents insurgés barricadés dans le Panthéon. Les canonniers qui déservaient les deux pièces, entre lesquelles il se tenait les bras croisés, tombaient autour de lui et furent renouvelés jusqu'à trois fois. Enfin les portes sont enfoncées et Damesme donne le signal de l'assaut en s'élançant lui-même au milieu de la chaussée et à quinze pas en avant de sa troupe, qui s'avançait, elle, à l'abri des maisons. La plume se refuse à décrire la lutte meurtrière qui s'engagea dans l'intérieur du Panthéon, avec un incroyable acharnement, ce combat corps-à-corps et en champ-clos, véritable boucherie dont j'ai hâte de détourner les yeux.

Du Panthéon, Damesme se porta dans la rue de l'Estrapade, où les insurgés avaient réuni des forces considérables. Une fusillade terrible s'engagea tout d'abord; mais bientôt la garde mobile, précédée de son digne chef que nul obstacle n'arrêtait, cessa tout-à-coup le feu, s'élança à la baïonnette, et la première barricade fut emportée. L'attaque de la seconde commençait, lorsqu'une balle atteignit le général vers le haut de la cuisse.

Alors un soldat de la garde mobile donna le spectacle d'un de ces traits d'héroïque audace, qui honorent à la fois celui qui en est l'auteur et le digne chef qui a su inspirer à ses soldats un tel dévouement. Le jeune Georges, du 2e bataillon, à peine âgé de 18 ans, ayant aperçu l'insurgé dont la balle avait si malheureusement frappé le général Damesme, s'élança vivement sur la barricade , la franchit au milieu des balles , ajusta à bout portant et étendit raide mort à ses pieds le misérable qui se vantait de son coup.

La blessure du général était très grave ; le blessé néanmoins demeura calme et continua pendant quelques instants à commander. Mais la perte de son sang l'affaiblissant, on l'emporta dans la cour d'une maison voisine où il fut placé sur un matelas, et le docteur Caumont, chirurgien aide-major d'un bataillon de garde mobile, lui donna les premiers soins.

Voici dans quels termes M. Valette, du Jura, représentant du peuple, rapportait à l'Assemblée constituante ce funeste événement, dont il avait été témoin oculaire :

« A l'enlèvement d'une barricade de la rue de l'Estrapade, près la rue de Fourcy, j'ai vu tomber le commandant de la garde mobile, le général Damesme. Il fut transporté immédiaement dans la cour d'une maison voisine ; j'avais mon écharpe, je me suis approché de lui, il était sur un matelas ; je lui dis que je lui serrais la main au nom de l'Assemblée nationale. (Bravos).

» Il eut un moment de défaillance ; on retira la balle qu'il avait reçue dans la cuisse, et comme je lui demandais comment il se trouvait, et il me répondit par le cri de : Vive la France ! et il ajouta : « Je vous prie de faire connaître à l'Assemblée la » manière dont j'ai rempli mon devoir. » Effectivement il avait toujours marché en avant, donnant l'exemple à la garde nationale mobile.

(Moniteur du 25 juin 1848).

Transporté au Luxembourg, puis à l'hôpital du Val-de-Grâce, il reçut, sur son passage, les témoignages les plus touchants du respect et l'intérêt qui s'attachaient à sa glorieuse infortune. Accessible, malgré ses souffrances, aux sentiments généreux qui l'avaient dominé toute sa vie, il témoignait par ses paroles et par les larmes d'attendrissement qui coulaient sur ses joues, combien il était profondément ému de ces marques de sympathie.

M. le docteur Beaudens, chirurgien en chef, arrivé presque aussitôt à l'hôpital, constata, en sondant la plaie , les dégâts énormes produits par le projectile ; l'os était brisé en plusieurs éclats d'un volume considérable. Il n'était pas possible de songer à conserver le membre, et malheureusement la blessure existait au-dessus de la partie moyenne de la cuisse, qu'il fallait, par conséquent, amputer très haut, ce qui présente de graves dangers.

L'opération ne pouvait être retardée. Ce fut l'avis des professeurs appelés autour de M. Baudens ; c'était aussi l'opinion de ce dernier qui, maîtrisant son émotion, fit part de la cruelle nécessité au général, dont il tenait les deux mains dans les siennes, et qui répondit : *fiat voluntas*. Le professeur Beaudens ajoutant quelques paroles, le général reprit, avec un sourire navrant, à force d'être gracieux et naturel : « Eh bien, mon » cher docteur, procédons par élimination !

L'amputation fut habilement faite par le docteur Beaudens. Le travail de cicatrisation marchait régulièrement, le général reprenait des forces; tout présageait une entière guérison, et M. Beaudens annonçait comme très prochaine sa sortie de l'hôpital, lorsqu'au milieu de la sécurité partagée par tous les hommes de l'art, un frisson se fit sentir à plusieurs reprises chez le malade ; ce signe annonçait un terrible accident, désespoir des chirurgiens, connu sous le nom de *résorption purulente*. Bientôt, en effet, la fièvre se déclara avec violence, et dès ce moment on le jugea perdu sans espoir.

Jusqu'à son dernier soupir, ses paroles furent empreintes du patriotisme le plus ardent, et témoignèrent aussi d'une piété sincère et d'une vive tendresse pour les siens. Il entendit avec recueillement les exhortations d'une digne ecclésiastique et réclama les secours de la religion. « Dieu tout-puissant, » s'écriat-il dans ce moment solennel, « j'espère encore que vous vou-» drez bien me laisser sur cette terre, où j'ai besoin de rester » pour servir mon pays, et apprendre à mon enfant à bénir » votre saint nom ; car j'espère que vous voudrez bien m'ac-» corder un enfant ! » Sa jeune femme était en effet sur le point de devenir mère ; mais le bonheur de bénir son enfant n'était pas réservé à l'infortuné général. En effet, la fièvre redoubla d'intensité, le délire survint, et Damesme termina noblement sa glorieuse vie, le 29 juillet 1848, à l'âge de 41 ans.

Dans le courant du mois de juillet, il fut l'objet spécial de deux décrets du chef du pouvoir exécutif; l'on lui confère, dans l'armée, le grade de général de brigade, qu'il avait déjà dans la garde mobile. L'autre, rendu sur la demande de la garde mobile et sur le rapport du ministre de la guerre, est ainsi conçu :

« La garde nationale mobile est autorisée à offrir au général Damesme, son commandant supérieur, une épée d'honneur.

» Le général Damesme est autorisé à accepter ce témoignage de respect et d'attachement. »

Plusieurs départements, et notamment ceux du Nord, de l'Yonne et de l'Orne, lui offraient, dans les termes le plus honorables, la candidature à l'Assemblée nationale.

La ville de Fontainebleau, fière de compter ce grand citoyen au nombre de ses enfants, a voulu glorifier sa mémoire en lui érigeant une statue en bronze. Pour concourir à réaliser ce noble et généreux dessein, le Conseil général du département de Seine-et-Marne a voté 500 francs, et le Conseil municipal de Fontainebleau une somme de 1,000 francs. Ces témoignages de sympathique adhésion une fois obtenus de la part des corps électifs, qui sont l'expression vivante de l'opinion publique, une commission a été formée par les soins de M. Guérin, maire de Fontainebleau, sous le patronage de M. le préfet de Seine-et-Marne, qui en est le président d'honneur, à l'effet d'organiser une souscription, non-seulement dans les limites du département de Seine-et-Marne, mais encore partout où vit le souvenir des immenses services que les Damesme, les Négrier, les Duvivier ont rendus à la cause de l'ordre, dans les fatales journées de juin. La commission a la confiance que son appel sera entendu. Dans ces temps malheureux où le déchaînement de toutes les mauvaises passions peut amener encore des luttes désespérées, il faut provoquer les dévouements héroïques en prouvant, par d'éclatantes manifestations, que la postérité reconnaissante honore et bénit la mémoire des illustres martyrs, auxquels chacun de nous doit le bonheur de goûter encore les douces joies de la famille, ainsi que le consolant espoir de transmettre à ses enfants l'héritage de ses pères, ou la propriété péniblement acquise par le travail de toute sa vie.

Dans le département de Seine-et-Marne, M. le receveur-général des finances a bien voulu autoriser les percepteurs des contributions directes à recevoir les souscriptions, pour les lui transmettre avec leurs versements.

A Paris, les souscriptions continuent d'être reçues chez M. Lebeuf, régent de la banque de France, représentant de Seine-et-Marne, rue Hautville, 58; ainsi que chez M. Sancholle Henraux, rue Tronchet, 9.

Dans tout le reste de la France, on pourra adresser les souscriptions, soit aux adresses ci-dessus indiquées, soit, directement, en un mandat sur la poste, à M. Gailhac, propriétaire à Fontainebleau, secrétaire-trésorier de la commission du monument, chargé, en cette qualité, de centraliser toutes les souscriptions.

Après la fête d'inauguration, chaque souscripteur recevra une notice historique sur la vie du général Damesme, accompagnée, si les ressources le permettent, d'un dessin représentant la statue du général ainsi que l'ensemble du monument. A la suite de la notice seront imprimés les noms de tous les souscripteurs.